365일 나는 나

마음과
놀기

김준희_글·그림

하양인

마음과 놀기 - 365일 나는 나
© 김준희 2017, Printed in Korea.

초판 1쇄 인쇄 | 2017년 11월 05일
초판 1쇄 발행 | 2017년 11월 10일

지 은 이 | 김준희
펴 낸 이 | 이희경
총괄이사 | 이종복

펴낸곳 하양인
주소 | 04165, 서울특별시 마포구 마포대로 15(마포현대빌딩) 804호
전화 | 02-714-5383, 팩스 02-718-5844
이메일 | hayangin@naver.com
출판신고 | 2013년 4월 8일(제300-2013-40호)

ISBN 979-11-87077-19-0   03190

조금이라도 기분이
나아지는데
도움이 되는 책이면
좋겠습니다.
다 잘 되길 바래요.
진심!

차 례

01| 좋다 일기

02| 마음 놀이

03| 365일 나는 나

04| 소중한 하루

05| 따뜻한 선물

06| 요즘 어떠세요?

01

좋다 일기

일기 쓰는 기분으로 사진을 찍고 그림을 그리고
오늘 있었던 일, 기분 나빴던 일, 즐거웠던 일,
하고 싶은 일…
적다 보니 일기는 내 인생의 기록이 되고 나를 성찰하는
도구가 되어 주었어요.
어렵고 힘든 나날이지만 생각해 보면
그래도 좋은 것이 꽤 많았어요.
게다가 좋아하는 것, 하고 싶은 것을
적다 보니 기분도 조금은 좋아졌고요.
그래서 저는 오늘도 좋다 일기를 끄적 끄적!
좋다, 좋다, 막 좋다. 좋다 일기.

좋다일기 1

매일 매일
좋다일기를 써보자.

매일 행복하진 않지만
행복한 일은 매일 있어.

그거...
곰돌이 푸우가
한 말이잖아.

좋다 일기 2

지금보다 쪼금
즐거워지기 위한
끄적임.

함께 해요.

좋다 일기 3

일기쓰기처럼 단 몇 분만이라도
하루를 돌아보는 시간을
가지면서 자신의 과거와 삶을
더 잘 이해해 보라.

- 교황 프란치스코 -

좋다 일기 4

나를 제일 잘 아는 사람은 나,
내 기분을 제일 잘 알고
풀어 줄 수 있는 것도 결국 나.

훌쩍~

셀프 다독다독이 필요해서
쓰게 된 좋다일기.
쓰다 보니 괜찮더이다.

좋다 일기 5

안 좋은 일이 많은 세상.
그래도 좋은 것이, 좋아하는 것이
많음에 감사하며 좋다일기를
그리고, 쓰고, 찍기 시작했다.
좋아하는 것을 적다 보니
세상이 조금은 더 좋아진 것 같다.

좋다 일기 6

비빔밥이
좋다.

하루하루
좋은 것을
발견하는 여행

그림자
사진
찍기가

좋다.

벚꽃엔딩?!

좋다 일기 7

엉망진창인 것 같은 내 머리 속이,
내 마음 속이 조금은 정리정돈이 되는
기분이 들었다.
나를 조금 더 알게 되었고, 사랑하게 되었다.
나를 알아가는 덜 지루하고 쉬운 방법!
그래서 나는 일기가 좋다.

좋다 일기 8

나를 알아가는 방법 중에
조금 쉬운 방법이 일기를 쓰는
것이 아닐까?
하고 1년을 꼬박 사진과 함께
글을 끄적여 보았다.

좋다 일기 9

웃는 얼굴이
좋다.

"
오늘은
'좋다'와 함께...
"

가끔은 혼자가
좋다.

좋다 일기 10

좋다 일기 11

드라이브가
좋다.

폭신폭신해서
좋다.

바빠서
좋다?!

좋은 하루
만드세요.

좋다 일기 12

좋은 것만 있을
수는 없겠지.
그래도 오늘은
좋다.

알록달록
운동화가 좋다!

오른 손을
안 다쳐서
좋다.

만두, 만두, 만두!
만두가 좋아.

하늘을 달리다다다다다~!

오토바이 좋아.

좋다 일기 13

동네에
맘에 드는 까페가
생겨서 좋다.

좋다, 좋다
막 좋다

"

"

동네에
괜찮은 아지트가
생겨서
좋다.

좋다 일기 14

어슬렁거리며
걷는 밤 산책이
좋다.

달밤의 낭만이
좋다.

오늘도
좋은 일이
생기길,
아님 말고
내일!

장난감이 좋아

> **문제는 자주
> 이런다는 거다.**

좋다 일기 16

좋다 일기 17

사람이 꽃보다
아름답다고 하던데...

나도 꽃?

좋다 일기 18

일기...
하루 쯤 안써도
괜찮아.

02

마음 놀이

우리는 이런저런 이유로

마음 공부를 합니다.

여러가지 책도 읽고 프로그램도 하고

강의도 다니고 마음을 공부합니다.

이제는 마음 공부는 많이 했으니

마음과 놀아주면 어떨까요?

마음이 즐거울 수 있도록

쉴 수 있도록…

당신의 마음은 무엇을 원하고 있을까요?

공부?

놀이?

저는 마음과 노는 것이 더 좋아요.

만다라

만다라(mandala)는
만다(manda) 마음의 창, 본질.
라(la): 소유, 성취

정신을 집중하게 함으로서
자신을 돌아보고
내면의 질서를 세우며
조화롭게 하는 도구라고 합니다.

만다라를
칠해봐야지.

마음의 문을 열고 1

기분 꿀꿀한 어느 날
인생은 미숫가루 같다는 생각이 들었다.
너무 진하면 빡빡해서 먹기 어렵고
너무 흐리면 밍밍하니 맛이 없더라.

그래도 다행인 건
빡빡하면 물을 더 넣으면 되고
흐리면 미숫가루를
더 넣으면 된다는 것.

그런 것이
인생과 닮았더라.

꿀꿀해~

마음의 문을 열고 2

누구는 설탕을 팍팍 넣어 달달하게
그러나 건강에는 별로...
누구는 그냥 밍밍하지만
구수하게 몸에 좋게...
살아가더라.

마음의 문을 열고 3

오늘은 마음의 문을 열고 환기를 할까봐요.
이 문으로 들어올 것들이 많으니까요.

마음의 문을 열고 4

오늘은 나에게
문자 하나
보내볼까?

나한테는
무슨 문자를
보내야하지?

나와의 경주

나의 경기를 해야지.
나와의 경주.

좀 걷자.

특별하지 않아도 괜찮아

> "
> 특별하지 않아도
> 우리는 꽤 괜찮다.
> "

뭔가 늘 특**별**해지려고 했었는데...
건빵 속의 **별**사탕이 아니어도 괜찮겠어.

선물 같은 사람

겉과 밖

비춰진 모습이
더 예쁠 때도 있고

포장이 내용보다
화려한 것도
있더라.

천천히…

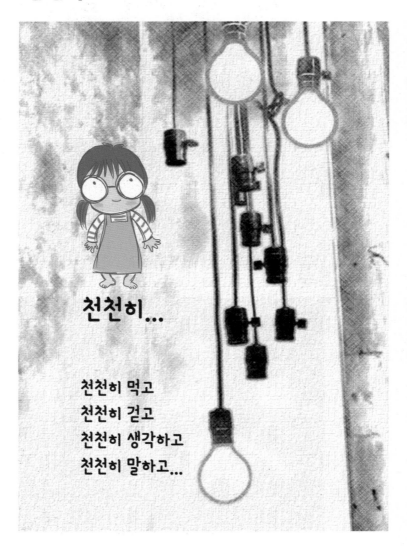

천천히...

천천히 먹고
천천히 걷고
천천히 생각하고
천천히 말하고...

한 계단씩

한 계단
한 계단...
차근차근

내 마음 속에는

내 마음 속에 산도 있고
바다도 있고,
자작나무 숲도 있고...
오늘은 마음 속에 텐트를 치고
추억 속으로 캠핑 중...

깨끗한 눈

일단 안경 좀 잘 닦고
다녀야겠다.

세상이 온통
뿌~옇게
보이더니)…
안경이 느므
드릅…

깨끗한 눈으로
보아야 세상이
깨끗하게
보이겠지～

쓱
쓱

업다운

힘들면 쉬자

힘들면 잠깐
쉬었다 가도
괜찮지 않을까....

다름

같은 틀에서 나와도
다를 수 있다.

투명성

나의 약함과 빈틈이
나의 장점일 수도...

투명하면
좋겠다...

용서

이해는 되는데
용서가 안되는 일도 있고
이해는 안되지만
용서할 수 있는 일도 있고...

묘~~
하다.

용서...
마음 바뀌기 전에
용서의 도장을 쾅!

괜찮아.

고마워.

깨끗한 창

깨끗한 창을 통해 보아야
깨끗하게 보인다.
깨끗한 창이 되어야지.

더러운 창문

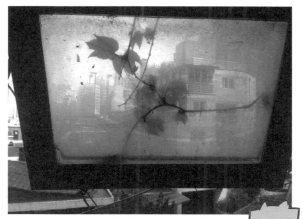

더러운 창문이 깨지고 나니

초록색이 예쁘게 드러났다.

마음에 드는 일

몸은 마음의
말을 듣는다).

마음에 드는 일이면
아무리 힘들어도
척척 잘 하는데
할 마음이 없으면
몸은 이미 천근만근~

희망, 긍정, 평화

희망, 긍정, 평화의 옷은
가까이 걸어두고
자주 자주 입고
나다녀야겠어.

무기력, 미움, 짜증 같은
옷은 자주 입지 말고
고이 접어 서랍 속으로...
가끔만 꺼내 입어야지.

짜증 나~

짜증을
내어서
무엇하나~

짐을 가볍게

짐을 가볍게...
짐이 많으면
멀리가기 어렵잖아.

짐을 가볍게
한 만큼 마음도
가벼워졌다.

결과

제대로 가고 있나...

나보다 뒤에 있던 친구가
친구가 저 앞에!

기다려봐...

아직 실망하지 말자.
우리들의 결과는
아무도 모른다.

부정적 생각

불평이랑 불행이는 같은 방향으로 간다.
부정적으로 생각해서
좋은 점이 뭐가 있나 좀 생각해보자.

별로 없다.

묵언

때로는
말 없이...

마음 속 청소

가끔 낡은 물건을 정리하고 가구 배치도
다시 하듯 마음도 가끔 점검하고 정리하면
여유가 생기겠지?

"
마음이 복잡할 때는
마음 속도 청소.
"

자신감

조금만 더 자신감을 올려볼까?
내 안에 숨어 있는 수퍼파워는 뭘까?

오르막길과 내리막길

오르막이 있으면 내리막도 있는
당연한 진리를 우리는 가끔 잊는다.
나는 지금 내리막에 서있나 오르막에 서있나
생각해 보았다. 하루에도 열두 번 씩 오르락
내리락 하기도 하고... 성취나 성공의 입장에서
보면 오르막이 좋은 거야 라고 생각하겠지만
오르막을 오르려면 힘이 든다.
그렇다고 내리막 길이 마냥 쉬운 것도 아니다.

내리막 길과
오르길막 길은
이렇게 다 연결되어
있는 길이다.

내 맘대로,
갈 수 없는 길도·

제법
많더라.

어떤 길이 좋다고
말 할 수 없다.
우리는 평생
오르막 내리막을
걷는 여행자일 뿐...

달달한 말

쫌 오글거리면 어때!
달달한 말들을 건네보자.
조금 쑥쓰럽더라도.

사랑

사랑,
좋은 건 다 아는데
참 어렵다.

사랑으로
말은 쉽지...

그래도
사랑하며
삽시다.

좋은 말 나쁜 말

좋은 말, 친절, 웃음을 던지면 꼭 다시 돌아온다.

나쁜 말, 짜증, 신경질...
걔네들도 꼬박꼬박 돌아오겠지?

답장처럼...

괜찮아

행복이란

행복은 내 선택으로
만들어 지는 것!

보조를 맞추는 것

앞에서 끄는 것도
뒤에서 따라가는 것도
다 힘들다.
서로 발을 잘 맞추는 수 밖에...

기다려 준다는 것과
보조를 맞추는 것,
조금 다른 것 같네~

마음을 내려 놓고

어렵고 복잡한
일을 내려놓으니
마음에
공간이 생겼다.

잘했어~

마음도
우려 내고
걸러 내고...

최선

일단은 열심히,
최선을 다해!

상처

우리는
누구나 무언가에
상처를 받는다.
누가 빨리 털고
일어나는 가에 따라
달라질 뿐...

호오~

쌍방통행

대화는 쌍바토행 😊😊😊😊

분노

화가 나서
분노가 올라오면...

내 안의
분노가
나를 변하게
하지만...

그 분노는
내 안의 평화만이
꺼지게 할 수 있다.

잔소리

> **잔소리는 짧게!**
> **그냥 눈으로만 말해요!**

사랑, 평화, 희망

사랑, 평화, 희망은...

우선순위

우선순위를 정하자.
뭐부터 할꺼냐!
뭣이 중헌디~

사랑으로

사랑,
그 좋은 말...

길을 걷다가 만나는
우연한 메시지들...
많이 사랑하며
살라고 말을
건네는 것 같다.
걷는 것이 좋아졌다.

도전

믿음대로 되는 것들이
많다는 것을 잊지 말자!
오늘도 도전!

도전~

조나단 리빙스턴,
갈매기의 꿈

도전과 자유!

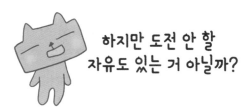

하지만 도전 안 할
자유도 있는 거 아닐까?

행복

'다음'의 행복 때문에
'지금'의 행복을 자꾸 지나친다.
내일도 중요하지만 오늘도 중요한데...
우리는 자꾸만 미래 만을 보려고 할 때가 있다.
지금, 오늘, 여기에 행복도 소중하게!

따뜻한 말

고생했어, 힘내, 애썼어, 괜찮아?
마음을 따뜻하게 해주는 말들...

부러우면 지는 것

지붕 위...
좋다.

부러우면 지는 것?
부러울 수도 있지.
지긴 뭘 진다고...

좋겠다.

생각이 많은 날

오늘, 나
무슨 생각을
하고있나...

생각이
많았던 날

마음과 놀기

마음 공부는 이제 그만,

이제는 마음과 놀기!

놀자~

인생 정답

에휴
모르겠다.

어떻게 사는 게
답인 지...

정답이
어딨냐!

답을 찾으며
사는 것이
인생!

365일 나는 나

이런 날도 있고,
저런 날도 있고...
울고 웃는 많은 날들 속에서도
나는 나입니다.
'너'로 살 수는 없잖아요.

그런 나를,
있는 그대로의 '나'를
열심히 사랑해 주세요.
365일
'나'로 충실히 살 수 있도록…

누구냐, 난…

"
누구냐 넌…

그르게

누구냐 난…
"

내가 나의 정체를 알아내는 것은
엄청나게 중요하다.
껌딱지 같이 떨어지지 않는 걱정과 고민들
그리고 나의 행복과 성장을 위해서
나는 오늘도 나에게 묻고 또 묻는다.
좀 어떠세요? 뭘 원하세요?

나 사용 설명서

'나'
사용설명서

많이
먹어도
놀라지 마세요.

오전 약속 보다는
오후 약속을 좋아해요.

저는요...

이렇게
대해주세요.

나는 나

나는 나 2

미리 너무 겁먹지 말자.
세계 유일의 나.
역대 유일의 너.
나 아닌 척 살다보면 나만 힘들다.
그냥 '나'로 살자, 그냥 '너'로 살자.

나는
나!

나는 43

그냥 나답게!

나답게

나에게도
웃어주자,
활짝!

나는 나 4

머리 감은 날..
머리 날리며~

어제~

김구 선생
스타일로...

5월은
푸르고...
나는 파랗다.

오늘도 좋다일기
365일 나는 나

오늘은
아침형
인간!

올빼이것
원민교.

98

나는나 5

오늘도 좋다일기,
365일 나는 나!

열요일!
청소하고
시작하니
뭔가 마음도
뭔가 정해지는
기분!

매일 좋
아저

운동 후
멍 때리며 걷는 걸
동네 지인이
사진을 찍어
보내다…

아침 6시에
나가서 움직였더니
하루가 길다~

오후
2시인데
저녁같다.

원고!
급한 불은
껐다!

어디
갔다 왔냐옹~

주말!
냉장고
파먹기~!
너무 파먹었다.

나는 나6

나는 나 7

나는 나 8

비슷한 머리스타일의
꼬마와의 만남...
뭔가 쑥쓰러움이...

낮에는 그렇게
덥더니...

끙끙

바람이
분다

→ 외투3겹

비 온다는
일기예보, 그러나...  쨍~

짐도 많은데
비가 오지 않아
들고나온 기긴
우산이
무색했던 날.

그런데...

버스정거장
에서
마주친
긴 정화를
신고나온
사람

동병상련

나는 나 10

택배같은 사람...
아니, 선물같은 사람이
되어야겠다.

마이 더웁다.
그만 덥자~ 쫌!

너도 요즘
과랭이 아프구나~
하루 쫑일 뭐저도
못하고...

그나저나...

넌 진짜
덥겠다.
털옷을 입었으니...

365일 나는 나!
좋다일기.

운동하Go
밥먹Go
Let's go 오늘!

운동 후... 후덜덜~
아무 것도
하기 싫은 날이
있다.
오늘이 그날!
딱

꼬질
꼬질

운동전...

운동 후...

아따 디다~

치마를
거꾸로
입고
나왔...

나를 사랑해줘야지.
내가 아니라도
나 미워할 사람은 많다고~

오늘 컨디션은

"
좋아요.
보고 싶어요.
"

인생 그래프

내 인생그래프를
그려보아요.

우리 인생이 예술!

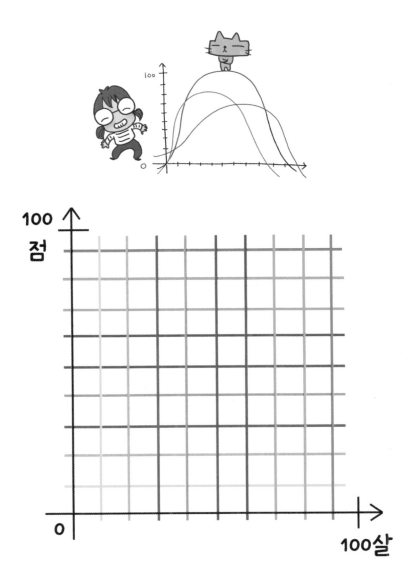

새로운 계획

밑그림도, 색칠도
굽는 것도 다 중요해.
어느 것이 제일 중요하다고
할 수 없는 것 같아.

문을 닫지 마라.
새벽이 언제
찾아올지 모르니
나는 문이란 문은
다 열어 본다.
-에밀리 디킨슨-

한쪽눈은 크게
한 쪽 눈은 작게...
눈 감아 주기도 하고
자세히 보기도 하고

머리는 작게,
덜 계산하고

귀는 크게,
더 듣고

심장은 크게,
많이 느끼고

입은 작게,
덜 말하고

팔은 길게,
많이 안아주고

발은 넓게,
많이 움직이고

손은 크게,
많이 나누고

이렇게 살면 좋겠다고
그려봤더니...
외계인 탄생!

좋다,
좋다,
막 좋다.

365일 나는 나!

어떤 날은
파스텔 같은 나,
어떤 날은 색연필,
수채화, 수묵화 같은 나
매일 매일 나지만
또 매일 다른 내가 있다.
그래도 365일 나는 나.

04

소중한 하루

매일 매일이 소중하고
감사하다는 생각이 드는
일기 쓰기.
내가 저 때는 저랬구나 돌아보기도 하고
후회도 하고
뿌듯하기도 하고…
그렇게 하루가 정리가 되고 마음도 정리가 되었어요.
그런 소중한 하루가 지금도 지나가고 있어요.
이 소중한 하루가…

시작

Start

이왕이면 어떤 좋은 일이 생길까…를 생각하며 시작!

하루가 일생이 된다

소소한 일상이 모여
나의 일생이 된다.

지금 이 순간

소중한 날들이 지나가고 있다.
지금 이 순간에도...

매일매일을
소중하고
즐겁게~

잠 깨우는 소리

집 앞에
까치가 살아서
매일 아침
까치가 운다.
매일 기쁜 소식이
들리지는 않지만...
매일 잠을 깨우는
이 소리가 좋다.

까까까깍

My Planet!

행복한 아침 1

매일 아침에 일어나면 나를
기분 좋게 해주는 3가지를 적어보자.

맛있는 빵집가서 빵냉새 맡기. 달달한 마카롱 한개 사기. 시원한 수박빙수 먹기...

행복한 아침 2

쓰고 나니 죄다 먹는 것 뿐!
그래도 행복한 아침을 여는 방법!

행복한 아침 3

복숭아가 좋다!

딸기도 좋다며...

하긴 뭔들~

126

바람부는 날

아이의 마음으로

어릴 땐
그저 좋고 신기하고,
재미있는 것이
많았잖아요.
오늘은 그런 어린
아이의 마음으로
돌아가 볼까...

즐거운 일은 매일 하나

아마도...

즐거운 일은 꼭 있다.
매일 하나는

매일 먹는 밥 한공기, 시원한 물 한잔처럼!

뭔가 꼬이는 날

뭔가 꼬이고
엉킨 듯한 날...

그런 날에는

꽈악

놓지마
정신줄!

어제 오늘 내일

어제는 그리움

오늘은 선물

내일은 희망

어제

오늘

내일...

행복이란?

행복이란?

스트레스 1

스트레스
한바가지인 날

개구리
왕눈이환

괜찮아?

나만 피해자라는 생각은 이제 그만!
나도 어느 정도는 가해자일 수 있다.
100:0은 거의 없다. 대부분은 쌍방과실!

나의 힐링푸드
오징어튀김이
필요한 날.

스트레스 2

누구는 업고, 누구는 손 잡고
또 다른 누군가는 안고...
가방에 넣고, 주머니에 넣고...
누구나 데리고, 가지고 다니더라...

스.트.레.스...

스트레스 3

스트레스?
개나 줘버려~

개는 무슨 죄?

고양이 의문의 1승

스트레스 4

스트레스 포착!
스트레스 퇴치 방법

나만의 스트레스
퇴치 방법을
미리미리 만들어
두었다가

스트레스가
출몰하면
바로바로
저격하자!

다덤벼!

야행인

전문가

"
뭐든 10년은 해야
전문가가 된다는
말을 되새기며...
"

9년 째 그만뒀으면
어쩔 뻔...　　그러게...

다들
고생했어~

네모가 어때서!

오늘 기분
좀 네모야~

네모가
어때서!

쉼표 찍는 날

바빠도 가끔은 쉼표 찍어며,

낭이는 못 찍어~~

까르 까르

오늘은 여기까지!

closed

오늘은 어떤 날?

오늘은 어떤 날?

나름 또 좋은 날?

아님 말고...

우울한 뇌우스가 가득하지만 흔들리지말고 득특!

나른한 오후

나른한 오후

"
잠시 가만히...
"

오후 3시엔

오후 3시엔...

시장이 좋다

시장이 좋다.

시장할 때 시장에 가면 안 되겠어.

맨날 시장하잖아.

일상의 아름다움들

찐만두 종이박스에
맺힌 물방울,
일상의 아름다움들...

예뻐~

오늘도 수고

너무 바쁜 날이면
벌레도 부럽다.

나 베짱이
아님.

아자!
아자!

오늘도
수고!

다시 시작

깨어 있자

깨어 있자!
나의 전성기는
언제 올지 모르잖아!

꼬끼오~

아이디어

아이디어가
떠오르지 않는
그런 날도
있더라~

텅 인 뭉

샌드위치

야외에 앉아 샌드위치를 먹다보니
커피 잔에 파리가 와서 딱 앉았다.
파리도 좋아하는 맛있는 곳?!

생일

축하!

이 페이지를 읽는 오늘을
그냥 당신의 생일이라고 칩시다.
지났다면 지난 생일을 안 지났으면
다가올 생일을! 축하해요.

진심!

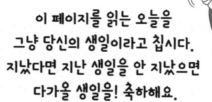

정리정돈

인간, 백만년만에 정리라는 걸 한다.

집정리를 하더니
아주 좋아라~한다.

집이 넓어진 건
쟤만 안다, 아무도 못느낀다.

-고양이 치치의 일기 중에서...

조금 덜해도 괜찮아

너무 애쓰지 말자.

조금 덜 해도
괜찮아.

부엉이 다방

밤이 되면 열리는
부엉이 다방,

coffee break

으슬으슬

아프지마1

아프지 마 2

이불 속에서…

돌돌돌 ,,,,

둘 둘~~

둘둘

이불 속은 언제나 옳다.

김밥 말기

아프지 마3

아프지 말고
파릇파릇하게...

노래

노래가
위로가 된다.

좋은 노래를 만드는
예술가들...

고마우신 양반들...

누구나 한 곡 정도는
위로가 되고 힘이 되는
노래가 있지 않을까...

위안

위안...

룰루랄라
fnffnfkffk

가끔은 별 것
아닌 것에서
위안을 받는다.

비상구

그래, 비상구는 있다.

잘 찾으면
대피소도
있고...

맑은 날 흐린 날

맑은 날도 있고
흐린 날도 있고...

주사위

주사위는
던져졌나?

오늘은 같은 숫자가 두 개 나올
작은 행운이 있을 지도 몰라.

지금부터

지금까지 보다는
지금부터!

예쁜 마음

예쁘다.

소소한 것을 예쁘게 생각하는
마음이 예쁘다.

예뻐~

필라테스 인생

필라테스도 인생도
기본자세가 중요하다.

미니멀 라이프

이번 생에 미니멀 라이프는 글렀어...
다음 생에 달팽이로 태어나면 해봐야지.

미니멀라이프가
유행이라는데...

천성이 잘 못 버리는
나의 성격...

나는 그냥 쌓아
두고 살란다.

몰라 몰라
내맘이야.

식물생활

도전~!

식물킬러인 나에게
난초 선물이 들어왔다.
예쁘고 향기로운 이 난초들을
이번엔 죽이지 않길....

식물킬러인 나,
이끼나 키우자.

이끼...

이끼

나의
식물생활

스트레스

스트레스 바람이
몰려오면...
마음은 푸석푸석
사막이 되어간다.

스트레스
쌓일 땐

짠과자
단과자
짠과자
단과자
무한반복...
일명 짠단짠단~

단
과자

짠
과자

단과자

사막이 되기 전에
비가 오면 좋겠다.

기분 나쁜 일

오늘, 기분 나쁜
일이 있었다면 빗자루로
싹싹 쓸어드릴게요.

비가 온다 1

비가 온다 2

드디어 기다리던
비가 온다.
다행이다.

비온다...

비 오는 날의 헛짓

비 오는 날의 헛짓...

완전무장!

방수점퍼

방수신발

방수가방

완전무장은 무슨...
그냥 우산을 쓰셔~

비 온다.
바람 분다.
오랜만에
'까페'에서
'혼자'
커피 마신다.

좋다.

이상 무!

오래된 문

오래 된 문,
수 많은 사연들이
드나들었겠지.

저 문 뒤에는
무엇이 있을까?

길에서 만난 친구들

길에서 만난
친구들...

안냥~

사라지는 것들...

언젠간 가겠지,
푸르른 이 청춘~

우리도
가겠지)

나는
지금 좀
가야겠으~

오래된 것

오래되어도
좋은 것들이 있다.

오래된
친구처럼...

좋아하는 것이
싫어하는 것보다
많은 사람이
좋다.

한옥 좋아!

소중한 것은 곁에 있다

소중한 건
곁에 있다.

가끔 좋은 글을 읽으면서 누가 몰라?
뭔가 뻔해~라고 생각한 적이 있다.
그런데 그 뻔한 진리를 실천하기가 어려웠다.
쉬운 문제도 가끔 틀릴 때가 있는 것처럼...
좋은 글과 말은 자꾸 쓰고 말해야
내 것이 될 수 있을 것 같다.
읽거나 듣지만 말고...

뭐가 뻔하다고~

탈탈 털린 기분이 들었던 하루.
이제 그 기분도 탈탈 털자.
무거웠던 마음을 탈탈 털고
구름같이 가벼운 마음으로
오늘을 살아야지.

암, 그래야지.

따뜻한 선물

밥, 함께 사는 동물, 여행

그리고

봄, 여름, 가을, 겨울

내가 받고 있는 많은 선물들.

구름도 바다도

멋진 풍경도…

마음에 드는 빵집도

모두 나에게 다가온 선물들.

우리는 오늘도 매일 매일 선물을 받고 있어요.

잘 모르고 있을 뿐!

우리는 언제나 배고프다

우리는 언제나 고프다.
배 고프고, 돈 고프고, 잠 고프고
시간 고프고, 사람 고프고, 사랑 고프고...

그냥 조금
고프게 사는 것이
인생인가 보다.

오늘은 뭐 먹지?

탄수화물

떡볶이 좋아!

198

컵라면

자꾸 컵라면이
나를 쳐다본다.

쯧!

잡솨~

기분도 그런데...
컵라면이나
하나 복용할까...

검은 짜장면

검은 짜장면도
화려할 수 있다.

스파게티

알록달록
스파게티가 좋아!

안 좋은 건 뭐냐고?
안 좋은 건 차차 알아가자고...
일단은 좋은 것 먼저!

역시 밥이 보약

밥이 좋다.

밥
먹어요~♡

"
역시 밥이 보약
"

밥에 이것저것
때려 넣으니 반찬이 별로
필요 없다!

옥수수
강낭콩
쌀+찹쌀
렌틸콩
대추
검정콩
김
+

식탐일기 1

아이디어가 떠오르지 않는다.

아오 새우깡 땡겨~

자꾸 날 쳐다 보지 마!

안돼~

안돼~

과자!

새우깡

누가 누굴 본다고!

덥고 지친 날엔 고·칼·로·리

고카로리

고칼로리 ♥

×2개

흰 식빵 버터 1배

크림치즈

체다치즈

포도씨 버터 1/2스푼

피자치즈

잘 구운 호밀빵

식탐일기 2

생각보다
안 하고 살아도,
안 사도, 안 먹어도
되는 것이 많은데...

줄이기
조금 덜먹기
덜 걱정하기
덜 사기
덜 보기
덜... 덜...
조금만 덜 하면....
minimal Life의 방법은 많다.

식탐일기 3

오늘은 또
뭘 먹은거야?

얼룩 덜룩

뭘 먹든 뭘 마시든
먹고 난 그릇과 잔엔
흔적이 남더라.
살면서 부끄럽지 않은
아름다운
흔적을 남겨야지.

식탐일기 4

차 한잔 어때?

차 한잔
어때?

오늘은 조금
특별한 티백으로

봄 이야기 1

3일째 같은 옷.

벗꽃도
스트레칭
중인 봄... 쫙!

뻣뻣하기는

두둑둑

스트레칭~

마음도 스트레칭!

콧구멍에도
볕들 날~

봄 이야기 2

봄바람 휘날리며~ ♪♫

벚꽃, 달리다.

벚꽃, 날다.

벚꽃으로 물들다.

꽃이
곧 지겠지?

별 걱정을...

내년에
또
피겠지.

봄이야기 3

봄에 보이는 것들,
새싹, 연두색
그 안에 들어 있는 희망들...

초록과
노랑 사이...

봄 이야기 4

언제라도 봄

서로 사랑하면 언제라도 **봄**
- 이해인 수녀님 -

여름 이야기 1

진짜 덥다~~ 헥헥

덥다~~! 지글지글 노글노글 노릇 노릇 집은 잘 달궈지고 나는 잘 익고있다.

"
타기 전에
뒤집자!
"

더우니까
더 배고픈...

배고파

"
폭염엔
폭식!
"

여름 이야기 2

매일
덥다는
이야기 뿐...

오늘도
똥싸게
덥다...

똥 싸컨
모자!

뜨거운 물로
설거지만
했을 뿐인데...
뜨거운 물로~

땀 흘리고 나니
또 달달한 게 땡긴다.

여름철
땀빼기엔
베란다
청소가 딱

신풍
다이어트

여름 이야기 3

더운 날은 은행 대기가 안 싫다.

시원~

그러나...
까페, 은행에서의 피서 후유증

냉방병.

지끈 지끈

어 추워 에취

덥다고 짜증 내지 말자. 내가 갖고 있는 열이 이미 36.5°!

후끈 후끈

36.5°

내 탓이오. 내 탓이오~

가을이야기 1

가을 이야기 2

오랜만에
외출하니
그 또한 즐겁지
아니한가~

가을 이야기 3

무언가 일이
좋은 일이 것 ㅅ
생길 것
같은 날~

하하하 하하하 하

웃자고~ㅇ

함께...

같이...

혼자가
아니라서
좋아.

감사하는 가을

여전히 감사한 것들이 많다.

겨울 이야기 1

새벽, 자려고
누웠는데 바람이 파랗다.
춥다.

으~ 추워..

겨울 이야기 2

눈 오는 날은...

두근
두근

겨울이야기 3

확
추워졌다.

옷을 덕지덕지
입고 다니게 되는 겨울.

굵은
나무텍
안경.

오늘의
패션은
뽀로로가 따로
없구만~.

다정한
겨울

겨울 이야기 4

발 시려~

여행 1

여행,
가까이 하기엔

너무 먼 당신.

여행 2

멀리 떠나지 않아도
여행할 수 있더라.
집 근처 까페에서
유럽을 느낀 오후...

여행 3

"

여행은 **여**유와 **행**복

그리고 자유

"

여행 4

동네 마실도
여행이다.

여행 5

꽃놀이
못 가는 대신
꽃무늬 찻잔에서
마음을 달랜다.

해외여행

여행 준비는
너무 미리미리!

커다란
모자.

벌써
큰 배낭
꺼내
놓고~

아직 2주나
남았는데 가방을
세모로 쌌다~
네모로 쌌다~
무한반복 中

파리 에펠탑

세일

지갑이 바쁜 날

오늘은...

지갑이 매우 바쁜 날...

여행은 휴식

천천히 ...

,,,,,,,,

천천히 ...

끙~

즐거웠던 어제와 바꾼 바쁜 오늘,
그래도 어제 좋았으니 된거지 뭐.

놀러
왔는데.

잔다~.

여행은 휴식이니까
쉬었으면 된거지 뭐.

그럼 된거지 뭐.

고양이와 산다는 것

**나이 든 고양이와
산다는 것은...**

자꾸 구석으로
들어가는 고양이 처치...
아침에 눈 뜨면
숨 쉬고 있나 보게되는
요즘...

아픈 고양이가
있으니
하루에 서너번은
락스 청소

매일 매일
병원에 가서
주사 두방~

그래도
좋아지고
있어요~

아프지
마~

그르릉

고양이도 꿈꾼다

고양이도...

꿈꾼다.

아프지 마세요

아프지
마세요.

저는 자주
많이
아팠지만...

아픈 곳이
있다면...

쾌차하소서~

쾌차하소서~

하하하!

입술 물집이
따악

열심히
일했다는
증거!

만남이 있으면 헤어짐도

안녕 치치... ㄷㄷㄷ!

만남이 있으면
헤어짐도 있더라...

안녕...

16년 간
고마웠어.

치치가 떠난 빈자리

더 넓은 곳으로 여행 잘 다녀와~

동해바다에 묻고, 내 마음 속에도 묻고...

나비를 만나면 치치라고 부를까...
길에서 만난 고양이들을 보면
치치라고 부르고 있다.

내 안에 살고 있다

퉁퉁
부은 눈이
인간의 눈이
아닌 것으로 보여
몇 년 만에
선글라스 착용 후
외출...

치자~

하고 버럭대며
부르며 집에
들어왔는...

이제
내 안에
살고있네

여기

여기

치치가 없어도
치치 돌들은 남아있다.

삶의 흔적

'가'를 '도'로
바꿔서 생각하면 좋겠어~

마음이 허전해 꽃을 샀다

마음이 허전해서
꽃을 샀다.

요즘 어떠세요?

물어 보세요.
요즘 어떠냐고.
나에게도,
다른 사람들에게도
배려와 친절함은 마음을 따뜻하게
해 주는 것 같아요.
따뜻한 차 한 잔처럼.
"요즘 어떠세요?"

눈높이

서있기만 해서는
보지 못하는 것들이 있다.

쪼그려 앉으니
개미가
보이더라.

마음 빈자리

마음에 빈 자리가
좀 있는 지...
여유가 좀 있는 지...

배는 언제나
빈 자리가
생기던데...

치즈를 잔뜩
넣고 고칼로리로~

나도
치즈~

구워서
바로 먹으면
제일 맛있다.

Conversation 대화...

영어회화 공부할 때
자주 듣는 말...
듣고 따라하세요.

Listen and Repeat!

Listen first!

먼저 듣고 나서
내 이야기를 하는 것이 좋겠어.

기분 좋은 생각

"
기분 좋은 것을
더 많이
생각해야지.
"

아름다운 곳에 가면
마음도 잠깐 예뻐진다.

내가 기분이 좋아야
다른 사람도
기분 좋게할 수 있으니
나부터 일단 오늘도 즐!

마음이 평화로우면

어때, 이제
좀 따뜻하니?

마음이 평화로운
사람은 ...
서로 평화롭다.

혼자도 괜찮아

너 외롭구나...

혼자도 괜찮아.

오늘은 놀자

열심히 일하고, 공부하고....
쉴 땐 잘 쉬고 잘 놀 줄 아는 사람들이
조금 더 행복하기 쉽겠지~

오늘 내 이름은... 놀자!

노올자!

잘 논다~

좀비 모드

다른 사람에게
묻는 것처럼...

기다림

조급해하지
말자.
다른 사람을
기다려주 듯
나도 기다려줘야지.

밥줘~

CAT

공손과 겸손

오늘도 무사히

후우

오늘도
무사히...

잘 자!

"
잘 자,
꿈도 꾸지 말고
푸욱~
"

앞으로 조금만 더

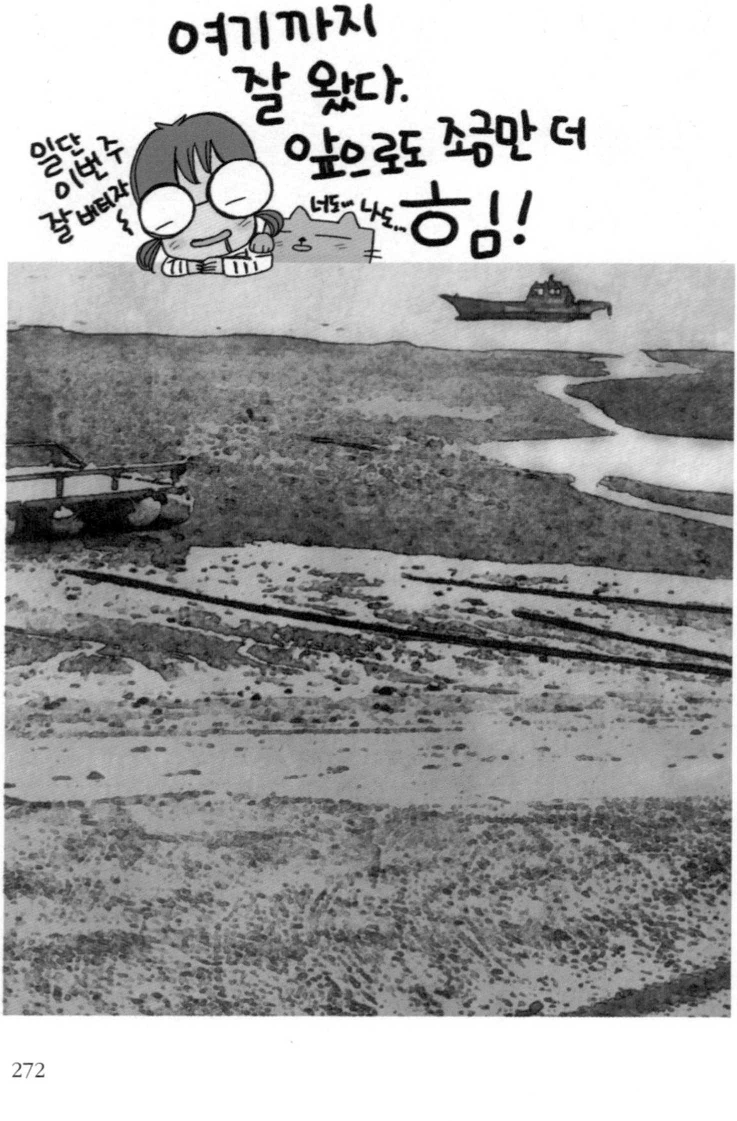

칭찬

나에게도 칭찬을
아끼지 말자.

고마워!

그럼에도 불구하고

인생…

시간아…

시간아, 조금만
기다려주면 안되겠니?

나는 시간이야.
기다림을 모르지.

힘내라

물 한 잔
시원하게
마시고~

힘내라
힘!
저기
고지가
보인다!
거의 다왔다~

룰루랄라

지금은 좀 어때?

응원이 필요해

응원
받고있다.

안녕
개야 ~

모르는 개한테서도... 왈RRR

요즘 되는 일이 없다고?

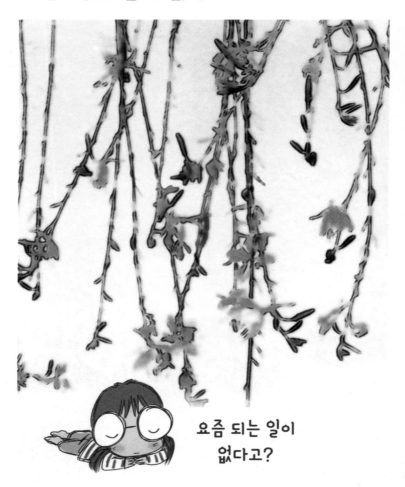

요즘 되는 일이
없다고?

영화 속 대사 중에
이런 말이 있더라.
" 열 개 중에 세 개만 쳐도 스타가 된다.
그것보다 조금만 더 잘 치면 슈퍼스타 "
라고 ...

그렇게 생각하면 우리는
꽤 잘하고 있는 것 아닐까?

그래도 맑은 날이 좋아

매일 매일 맑으면
사막이 된다고 하는데
그래도 맑은 날이 좋아.
사막이 되지 않을 만큼
맑았으면...

마음의 창문

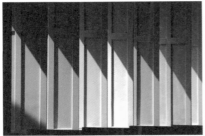

자!
내 열린
마음이야.
받아줘.

쿨~하게!

때로는
쿨~하게!

고양이야, 고생했어

고생했어...

고생했어